Na intimidade dos tios
Carolina & Machado de Assis

Editora Appris Ltda.
1.ª Edição - Copyright© 2023 do autor
Direitos de Edição Reservados à Editora Appris Ltda.

Nenhuma parte desta obra poderá ser utilizada indevidamente, sem estar de acordo com a Lei nº 9.610/98. Se incorreções forem encontradas, serão de exclusiva responsabilidade de seus organizadores. Foi realizado o Depósito Legal na Fundação Biblioteca Nacional, de acordo com as Leis nos 10.994, de 14/12/2004, e 12.192, de 14/01/2010.

Catalogação na Fonte
Elaborado por: Josefina A. S. Guedes
Bibliotecária CRB 9/870

A345n 2023	Albuquerque, João Francisco Sombra de
	    Na intimidade dos tios Carolina e Machado de Assis / João Francisco Sombra de Albuquerque. – 1. ed. – Curitiba : Appris, 2023.
	    97 p. ; 21 cm.
	
	    ISBN 978-65-250-4816-1
	
	    1. Memória autobiográfica. 2. Família. 3. Literatura brasileira. 4. Assis, Machado de, 1839-1908. I. Título.
	
	                                                                 CDD – 808.06692

Editora e Livraria Appris Ltda.
Av. Manoel Ribas, 2265 – Mercês
Curitiba/PR – CEP: 80810-002
Tel. (41) 3156 - 4731
www.editoraappris.com.br

Printed in Brazil
Impresso no Brasil

João Francisco Sombra de Albuquerque

Na Intimidade dos Tios
Carolina & Machado de Assis

FICHA TÉCNICA

EDITORIAL
Augusto Vidal de Andrade Coelho
Sara C. de Andrade Coelho

COMITÊ EDITORIAL
Marli Caetano
Andréa Barbosa Gouveia (UFPR)
Jacques de Lima Ferreira (UP)
Marilda Aparecida Behrens (PUCPR)
Ana El Achkar (UNIVERSO/RJ)
Conrado Moreira Mendes (PUC-MG)
Eliete Correia dos Santos (UEPB)
Fabiano Santos (UERJ/IESP)
Francinete Fernandes de Sousa (UEPB)
Francisco Carlos Duarte (PUCPR)
Francisco de Assis (Fiam-Faam, SP, Brasil)
Juliana Reichert Assunção Tonelli (UEL)
Maria Aparecida Barbosa (USP)
Maria Helena Zamora (PUC-Rio)
Maria Margarida de Andrade (Umack)
Roque Ismael da Costa Güllich (UFFS)
Toni Reis (UFPR)
Valdomiro de Oliveira (UFPR)
Valério Brusamolin (IFPR)

SUPERVISOR DA PRODUÇÃO
Renata Cristina Lopes Miccelli

REVISÃO
Renata Cristina Lopes Miccelli

DIAGRAMAÇÃO
Renata Cristina Lopes Miccelli

CAPA
Sheila Alves

Dedicamos este livro aos nossos avós maternos: à querida "Bidió" e ao nosso inesquecível Vovô, o "Bidiô", ou o "Meu Nego", como carinhosamente nos avocava.

Com especial carinho, o fazemos também à nossa querida e honrada Mãe Beatriz e às suas extraordinárias irmãs: Tia Laurita, Tia Eleonora e nossa suprema Tia Ruth, a quem, com especial atenção e redobrado carinho, tratamos de Tia Moicana, pois, das irmãs, era a única ainda presente nesta vida, no alto de seus 96 anos, quando terminávamos este livro e quem muito nos auxiliou com fatos sendo lembrados.

Vovô e vovó com as quatro filhas. A partir da esquerda: minha mãe, Beatriz; Tia Eleonora; Tia Laurita; e Tia Ruth, a Tia Moicana.

A vocês, queridos e inesquecíveis parentes, que nos ensinaram a conhecer e viver Tio Machado e Tia Carolina, dedicamos e repetimos, com honra e orgulho maiores, este livro, um dever moral nosso. Foi um prazer desmedido fazê-lo.

Seu sempre neto, filho e sobrinho,

João

Moorea, outubro de 2008

PREFÁCIO

Jô Soares

Este livro deveria ter como prefaciador nosso amigo Jô, com quem, desde nosso contato em seu programa, quando por ele fomos entrevistados duas vezes, e sendo ele sabedor de sermos sobrinhos trinetos de Machado Assis, estreitamos nossos laços de amizade. Inclusive, a segunda entrevista em seu programa versou exatamente sobre Tio Machado.

Com o problema da pandemia e seu passamento, tudo se houve por terra, mas ficam aqui nossos agradecimentos ao estimado amigo, que infelizmente não pôde nos honrar prefaciando estes escritos, que, como aportamos, é o único sobre Machado de Assis levado a efeito por um de seus descendentes.

APRESENTAÇÃO

Por Cláudio Francisco Vieira

Advogado e Membro da Academia Maceioense de Letras, raiar do Sol de 28/05/2023

João Sombra é dessas pessoas rápidas nas amizades, e de sentimento duradouro. Conheço-o há uns bons 40 anos e, naquele momento, a sua espontaneidade fez-me dele amigo. Naqueles idos, eu pretendia tirar minha carta de arrais amador, pois se velejava há alguns anos, fazia-o sem a autorização da Capitania dos Portos de Maceió, embora tivesse o cuidado de lançar-me aos mares sempre acompanhado de alguém habilitado, muitas vezes o seu irmão Zuza. Sombra ofereceu-se, então, para dar-me aulas de navegação sob os códices da Marinha do Brasil. Soube então que estava diante de um professor de navegação à vela. E professor emérito. Claro que aceitei, e fui aprovado. Essa aproximação tornou-nos amigos até hoje, sem rusgas ou queixas.

Convida-me, ou melhor, exige ele agora que faça eu a apresentação do seu livro *Na intimidade dos tios Carolina e Machado de Assis*. Irrecusável! Sou machadiano desde a pré-adolescência, quando tive a oportunidade de, por instâncias de uma tia e da minha Avó, ler *Dom Casmurro*.

Conversávamos, certa feita, em lúdica tarde na Federação, isto é, como diziam os mais antigos, jogávamos conversa fora, que para pessoas inteligentes é mais que isso, tão proveitosa que é . O fato é que conversávamos sobre tudo: o mar, as velejadas, os sonhos de marinheiros, e até a crítica política. Não tenho certeza, mas parece que referi alguma coisa sobre Machado de Assis, eu pensando que estaria abafando como leitor precoce do maior escritor de Língua Portuguesa, surpreendendo esse carioca dos quatro costados. Foi aí que, meio acanhado ou sem graça, Sombra se revelou sobrinho-trineto de Machado de Assis, o que viria a afirmar posteriormente em programa de entrevistas de TV, acho que em Jô Soares. E como a pedir desculpas ao mundo, acrescentou que jamais revelara o fato no nosso meio com receio das opiniões irônicas de terceiros sobre essa referência, isto é, aquele velho sorriso de "duvido", ou "será verdade?" Relembrando observação do meu Amigo. Certamente Piaf diria *"je m'en fou"*, impunha-se que ele pensasse de opiniões tão mesquinhas e revelar esse parentesco aos quatro cantos. Uma honra, motivo de orgulho, não de acanhamento. O tempo passou desde esse dia, Sombra velejou pelo Mundo uma, duas, várias vezes, escreveu vários livros, um dos quais traz uma crônica minha sob o sugestivo título "Cinco dias de tranquilidade" (acho que foi esse), quando narrei o fato de velejar durante cinco dias meio que perdido em Alto Mar, em busca do Arquipélago de Fernando de Noronha. À época dessa aventura vivia eu envolvido com política, e esse quinquídio, distante de rádios, jornais e notícias, igual ao peixe de Riacho do Navio, de Luiz Gonzaga, descontraiu-me de momentos atribulados da historiografia brasileira, comuns naquela quadra.

Ainda que seja irrecusável, mas difícil apresentar este livro do Sombra, jamais poderia furtar-me a tão insigne honra. Juntei meus "cacarecos" imaginativos e postei-me diante do computador logo ao acordar e antes do nascer do dia, que a mente descansada produz mais e talvez melhor. Não vou afirmar ter sido fácil tarefa. O livro-memória sobre Machado de Assis é um primor de relato, além de descontraída narrativa. São preciosas páginas de informação sobre o grande escritor brasileiro, um dos fundadores da Academia Brasileira de Letras. E informação extraída de memória de pessoa da família, o que a torna mais precisa e preciosa. A proximidade familiar do Autor ao objeto de sua obra, a linguagem clara, exata do escrito, e objetiva foram grandes desafios. Duvidava em primeiro momento que estivesse em condições, mas cartesiano que sou levei adiante a empreitada, expungindo qualquer receio.

A primeira vez que li, ainda em primeira forma, esta obra, deliciei-me em andar na biblioteca de Machado de Assis, em conhecer parte do dia a dia de seus familiares. Gostaria de ter estado lá, mas esse privilégio coube merecidamente a João Sombra e, também, ao seu irmão Zuza. Acho que Sombra até demorou muito em revelar essas suas peripécias na biblioteca do tio-trisavô. Malgrado isso, produziu obra minuciosa, coloquial, sem rebuscamentos, sem maiores pretensões a não ser escrever sobre seu parente ancestral ilustre. Todavia, como afirmou Machado em *Memórias Póstumas de Braz Cubas*, "o tempo caleja a sensibilidade". E de sensibilidade João Sombra não é falto, muito menos esta sua obra primorosa.

INTRODUÇÃO

Iniciando esta apresentação, pedimos ao estimado leitor que em momento algum se veja na situação de querer ler as linhas seguintes analisando-as como se fôramos escrevê-las no estilo de Machado de Assis, pois ele foi único e jamais seu estilo poderá ser comparado.

Assim, como seus descendentes pelo lado de Carolina, procuramos tão somente apresentar fatos e relatos dos famosos Tios na intimidade. Aí reside a ideia do livro: levar aos leitores apreciadores da obra machadiana sua vida no seio familiar, a qual poucos conhecem. Além de tal mister, traçamos o nosso viver com o acervo machadiano e os fatos importantes que, no decorrer de nossas vidas, se houveram face a esta descendência.

Durante muitos anos, enquanto escrevíamos dezenas de livros sobre nossas viagens no veleiro GUARDIAN em suas voltas ao mundo, hoje sobejamente conhecidos dos velejadores brasileiros, sempre nutrimos a ideia de redigirmos um livro sobre Tio Machado.

Fomos montando essas ideias concatenando os fatos e seus tempos e acabamos por meter mãos à obra. Longe, muito longe de nossa terra mater, em águas do Pacífico Sul, iniciamos sua redação, embora esta tenha sofrido algumas paralisações. No ano de 2008, em que se comemorou o centenário de falecimento de Tio Machado, na Ilha de Moorea, na Polinésia Francesa, na Marina de Vaiare, e em nossa segunda viagem volta ao mundo, resolvemos finalizar este livro, levando nossa homenagem ao maior literato e romancista brasileiro.

Marina de Vaiare

Para a suprema maioria da gente de nossa terra, e outras também, Machado de Assis é o exponencial maior de nossa literatura, inclusive para nós, que, desde tenra idade, o conhecemos como Tio Machado. Desta arte e como seus descendentes, sobrinhos trinetos, escrevemos este livro, o primeiro escrito sobre nosso famoso e importante TIO por um de seus descendentes.

Na verdade, somos seus descendentes indiretos, pois descendemos do lado de Tia Carolina. Não obstante, como o casal não teve filhos e a nossa avó materna, a "Menina Laura", foi sua herdeira universal, consideramos além de honra maior e orgulho incomensurável e tratarmos a esses ilustres personagens como TIOS.

Tia Carolina e Tio Machado

Este nosso livro não pretende, nem foi nossa intenção em seu escrito, traçar uma biografia machadiana. Longe disso, pois diversas centenas de excelentes já foram escritos sobre essa temática. Nossa intenção primeira é apresentar Tio Machado e Tia Carolina na intimidade do ambiente familiar, reportar histórias que nem mesmo os acadêmicos conhecem e foram vivenciadas por nós por meio das conversas familiares, levadas a efeito por nossos queridos e inesquecíveis avós maternos: a Menina Laura e o Marechal Estevão Leitão de Carvalho, nossos mentores e educadores.

Vivemos desde os 4 anos de idade, com nossos irmãos, no casarão de nossos avós, na rua Uruguai, na Tijuca, Rio de Janeiro. Gravitavam ao nosso redor todas as coisas de Tio Machado e sua incrível e notável biblioteca. Nesse ambiente, começamos a saber quem foi nosso famoso Tio e a ouvir relatos que até hoje guardamos como raridades e reminiscências de nosso início de vida.

Assim, levamos ao conhecimento do leitor, provavelmente como nós, amante da obra machadiana, momentos de Tio Machado na intimidade e, principalmente, sobretudo como antes referido, nosso viver com o acervo machadiano que nos trouxe notáveis conhecimentos.

SUMÁRIO

I
CONHECENDO TIO MACHADO 21

II
COMPLEXO MACHADIANO 41

III
VIVENDO TIO MACHADO 47

IV
CONHECENDO GENTE IMPORTANTE 57

V
LIBERTANDO O COMPLEXO 65

VI
FATOS MODERNOS 69

VII
FAMÍLIA DA VOVÓ 75

EPÍLOGO 79

AGRADECIMENTOS 83

CONTATOS DO AUTOR 86

LIVROS DO MESMO AUTOR 87

CONHECENDO TIO MACHADO

Se não somos traídos pela memória com nossos 80 anos, vivíamos o ano de 1947 e, com a separação de nossos pais, fôramos habitar, sob a égide de nossos avós maternos, no seu casarão da velha Tijuca. À época, bairro famoso e austero da então Cidade Maravilhosa.

Minha mãe, Beatriz, e seus seis filhos desabaram naquele casarão, onde viveríamos nossa juventude, adolescência e parte da idade adulta; dele saindo quando casamos em 1968 com nossa sempre querida e amada esposa, Balbina, a nossa super Biiita.

Tinha, à época, por volta dos 4 anos, e vivíamos um momento difícil, assemelhado a um cachorro que caíra do caminhão da mudança. Não entendíamos nada do que estava a ocorrer.

Muitas vezes, nos recordamos, fôramos visitar nossos avós no casarão, mas viver lá, para nós, era algo estranho, pois guardávamos na memória a casa do Major Severino Sombra, o velho Pai, e a nossa casa, na Rua Mário de Alencar, também na Tijuca, onde histórias incríveis gravitavam, como a de uma prima, a qual, hoje, nomeamos "Priminha do Coração", que resolveu mostrar que faria um vôo igual ao Super Homem e acabou se estatelando no chão, levando todos à apreensão.

Mário de Alencar, saberíamos posteriormente, após o passamento de Tia Carolina, tornar-se-ia inseparável amigo de Tio Machado – o universo sempre conspirando a nos levar a conhecer os Tios famosos.

No casarão da rua Uruguai, nossos avós resolveram que deveria ser feita uma ampliação em regra para o receber da querida filha e de sua prole, e assim se houve. Em tempo recorde e administração impecável de nosso avô, engenheiro militar, além de Marechal, que a partir de agora será conhecido pelo leitor como Meu Nego, como nos chamava, se houve a ampliação do casarão.

Vovô o Meu Nego

Auxiliava diretamente Meu Nego nesse mister nosso Tio Dídio Bustamante, marido de nossa querida e saudosa Tia Laurita. Ele era oficial de marinha destacado, chegando ao Almirantado, conhecido de forma plena no seio de nossa família como um técnico exponencial; para nós, o Tio Dídio "faz tudo".

E, de repente, o casarão passara a ter cerca de 10 quartos no pavimento superior. No térreo, apresentavam-se o gabinete do Meu Nego, a sala de visitas, a sala íntima, que nomeávamos de *hall*, a sala de jantar, as três copas e a cozinha. Lateralmente, as quatro varandas, sendo uma um jardim de inverno. À frente, um belíssimo jardim, onde se destacavam duas belíssimas palmeiras e, na parte posterior do terreno, um imenso galinheiro e um quintal onde incríveis aventuras vivemos. Guardamos inolvidáveis lembranças e extraordinárias recordações.

Acreditamos que, dessa reforma, vendo o desenrolar daquela obra, surgiram os primeiros desejos de nos tornarmos arquitetos.

Nossa avó Laura, a Menina Laura, tornou-se a herdeira universal de Tio Machado, e todo o acervo do casarão do Cosme Velho, onde residiam os Tios famosos, passou a ser da Vovó e alocado no casarão da Tijuca.

A Vovó com o Xadrez de Tio Machado

Assim, na sala de visitas, tínhamos o retrato de Madame Racamier, A Bela Dama Ruiva, ou A Dama do Livro, um óleo notável, que, no momento oportuno, trataremos de sua história, distorcida em uma das biografias de Tio Machado, mostrando, tal biógrafa, total desconhecimento sobre Tio Machado na intimidade.

Vovó em uma das entrevistas a um famoso periódico carioca, a esquerda o retrato de Madame Recamier

Havia ainda o jogo de Xadrez, belíssimo. Vez por outra, retirávamos sua pesada redoma de vidro e, às escondidas, iniciávamos nossos primeiros passos nesse tabuleiro e nessas peças machadianas.

Mesa de jogo de xadrez

Havia também, na sala de visitas, outros móveis pertencentes aos Tios famosos.

Mesa de chá

Entretanto, no hall é que vivenciávamos as peças que mais gostávamos, como o vaso pendente de bronze, que nomeamos de "Pinico de Bronze", e o Cachorro entalhado em Carvalho, que não perdíamos a oportunidade de, ao subirmos a escada para o pavimento superior, puchar sua língua. Isso, exercido durante cerca de 20 anos, acabou por encurtar a língua do belo entalhe do São Bernardo com o pequeno barril ao pescoço.

Na sala de jantar, encontravam-se: a belíssima mesa machadiana com uma dezena de cadeiras de palhinha, todo o conjunto rodeado pelas cristaleiras e móveis próprios do cenário alimentar, em carvalho entalhado com figuras de lobos no seu frontispício e colunatas salomônicas nas laterais de seu espaldar.

No gabinete do Meu Nego, outras peças, destacando-se as duas pequenas cadeiras leves de desenho austríaco, nas quais nós e nosso irmão, Zuza, as laterais do "Bureau" do Vovô, éramos por ele encaminhados nos estudos. Sentados naquelas cadeiras, estudamos o primário, o ginásio, o científico e a faculdade.

Hoje, essas cadeiras e todo aquele acervo familiar e íntimo para nós fazem parte do Espaço Machado de Assis, na Academia Brasileira de Letras, criado pelo ínclito imortal Niskier, ao qual nós, descendentes dos notáveis Tios, sempre teremos palavras de agradecimento por ter projetado e levado a efeito tal espaço.

No casarão, na parte perimetral junto à grandiosa escada de acesso, no pavimento superior e neste, se encontrava a biblioteca de Tio Machado. Milhares de livros que seriam por nós conhecidos de uma forma inusitada. Lá, estavam livros em francês, espanhol, alemão, português e outros idiomas, e a primeira edição da Garnier das obras de Machado de Assis, também doada por nossa avó Laura para a Academia com toda a biblioteca – isso, se não nos prega uma peça a memória, ocorrido ao final da década de 60, início dos anos 70.

Devíamos ter de 8 para 9 anos quando começamos a conhecer realmente quem fora o Tio famoso, pois presenciávamos sempre a chegada dos visitantes, repórteres, escritores e outros para conhecer o acervo machadiano, e nossos avós sempre, com desmedida atenção na arte de bem receber visitas, em se tratando de Tio Machado, orgulhosos, se esmerando ainda mais.

No capítulo próprio, narraremos sobre algumas dessas ilustres visitas.

Mas, quis o destino que tivéssemos a notável sorte de termos tido tão incríveis avós, os quais nos proporcionaram, a seu tempo, lições de vida extraordinárias. Umas destas foi aprender a conhecer Tio Machado, ler seus livros e seus escritos, alguns de próprio punho.

Começamos a ler Tio Machado de uma forma totalmente diferente e até, diríamos hoje, muito inteligente por parte do Meu Nego.

Num certo domingo de 1951, ouvíamos uma frase que jamais esqueceríamos em toda nossa existência:

"Meu nego, hoje você iniciará a conhecer seu Tio Machado de Assis, sua biblioteca, seus livros e escritos!"

De imediato, passava-nos às mãos um balde de metal com querosene misturada com naftalina, um pincel e um escadote de quatro degraus.

E lá íamos nós conhecer Tio Machado, sua biblioteca e obras. Processo que exercemos anualmente durante mais de 15 anos, até quando toda a biblioteca fora doada por nossa avó à Academia.

O objeto era aparentemente simples, mas levava cerca de três domingos seguidos, mais ou menos assim:

"Meu nego, retire os livros da quarta prateleira, estão escritos em francês, leia seus títulos e os baixe."

Pegávamos o livro, líamos o título num francês capenga e imediatamente corrigido e abríamos a capa e contracapa, lombada, algumas folhas intermediárias, pincelando, com um pincel de fios de seda, a mistura acima referida, a fim de evitar cupim. Tal processo se fazia também em todo o mobiliário. Assim, íamos, de uma forma diferente, aprendendo o francês, conhecendo os locais onde se achavam os livros. No futuro, conheceríamos bem todo aquele acervo.

Quando colocado, se não éramos muito menino ainda para aquele afazer, Meu Nego respondia:

"Ele tem seu início a conhecer a Machado de Assis... E, além disto, ajuda de criança é pouco, mas o adulto que despreza é louco!"

Ali, de uma forma inusitada, íamos entrando no mundo do Tio Machado e conhecendo seu pensamento, seus livros e sua obra.

O velho avô explicara cada livro, seu aspecto principal e todo esse ensinamento coroado por inserções de histórias sobre Tio Machado relatadas pela Vovó.

O Meu Nego, em face de sua avançada idade, ficava ao pé do escadote e nos orientava, como exemplo:

"Meu nego, pegue o Les Miserables, *de Victor Hugo."*

"Vovô, este deve ser parente do Seu Hugo da Agência de automóveis na Mariz e Barros!"

Meu Nego se ria e acrescentava:

"No futuro, irá conhecê-lo mais detalhadamente, quando já estiver adiantado nas classes de francês."

Isso viera realmente a ocorrer tempos mais tarde, quando, aliás, conhecemos aquele personagem mesquinho e até mesmo desagradável na figura do tal inspetor de polícia, Javert. Quem já leu *Les Miserables* sabe do que estamos a nos referir e quantos Javert iríamos encontrar nesta vida!!

Hoje, ao escrevermos estas linhas, esse quadro está vivo e presente em nossa memória, e mais ainda: o carinho, o esmero e a atenção que por eles, meus avós, foram despendidos ao acervo do Tio famoso.

A didática familiar acabara por dar ao menino um conhecimento sobre o acervo do Tio Machado, e, a curiosidade se fazendo presente, as perguntas eram apresentadas de imediato.

Assim, tomamos conhecimento que Tio Machado lia, escrevia e falava correntemente o francês, o espanhol e o alemão que aprendera da forma autodidata, sem nunca ter ido a qualquer liceu para aprender tais idiomas. Aliás, a primeira tradução do livro *Os trabalhadores do Mar*, de Victor Hugo, até hoje perfeita, foi levada a efeito por Tio Machado.

Já com mais idade, diríamos uns 12 anos, a didática familiar da limpeza e o conhecimento do acervo do Tio Machado continuaram, todavia surgia um novo elemento: a metodologia pedagógica na leitura das obras do Tio Machado.

"Meu nego, vá lá em cima e apanhe da Biblioteca de Machado de Assis Dom Casmurro"*, a primeira edição da Garnier ao ilustre escritor ofertada: capa dura em couro verde musgo, com letras impressas em dourado nas lombadas. Hoje se encontra na Academia Brasileira de Letras.

Cumpríamos o dito pelo vovô e retornávamos ao seu gabinete. Isso num domingo, por volta das 8 horas da manhã.

"Ai está, vovô!"

"Pois bem, sua tarefa será ler este livro durante a semana, e, no sábado próximo, pela manhã, faremos a sabatina desta leitura. Se houver sido aprovado, seu prêmio será de Cr$5,00 (cinco cruzeiros)"

Àquela época, cinco cruzeiros, com a estampa do Barão do Rio Branco e seus vastos bigodes em cor sépia ou semelhante, fazia de um sábado especial. Tínhamos o numerário suficiente e o bastante para irmos de bonde, Tijuca/Praça 15, ou Alto da Boa Vista/Praça da Bandeira, até a Praça Saes Peña, escolhermos o filme desejado nos diversos cinemas lá existentes, Metro, Carioca, América e Olinda, e ainda saborear o sorvete de chocolate com cobertura de chantilly no recém-inaugurado Café Palheta. Ainda sobravam uns caraminguados que, com seriedade, ofertávamos de gorjeta ao atendente do Palheta.

Assim, durante a semana, lá estava o jovem mancebo a se entregar à leitura machadiana com o maior dos prazeres.

Hoje, quando nos lembramos dessas leituras, nos divertimos e, com um carinho todo especial, agradecemos ao Vovô tal ensinamento prazeroso e, diríamos, gostoso.

Com tal forma de aprendizado, acabamos lendo toda a obra do famoso Tio, conhecendo seu pensamento – diríamos hoje – muito além de seu tempo – motivo pelo qual sua obra é apreciada por jovens, adultos e os da terceira idade. Isso por todos os tempos.

Tal leitura era acompanhada por relatos da Vovó, que conhecia amiúde a intimidade do casal de Tios e nos ofertava histórias provavelmente até hoje desconhecidas dos estudiosos de Tio Machado. Uma dessas passamos a tratar a seguir, que acreditamos nunca ninguém ter tomado conhecimento e que provavelmente, se não ocorreu alguma gatunagem, devem estar, ainda, no mesmo local.

Estávamos lendo *Memórias Póstumas de Braz Cubas*, em nosso pensar o mais notável livro de Tio Machado que trataremos em capítulo próprio, quando, ao virarmos uma página, encontramos um pequeno bilhete amoroso em forma de poema. Tio Machado apreciava fazer pequenos versos e ofertá-los aos mais chegados. De imediato, corremos ao Vovô:

"Vovô, achamos este bilhete no Memórias Póstumas!*"*

O Meu Nego rindo de imediato nos deu o mote:

"Meu nego, vá lá e converse com sua avó a respeito deste bilhete."

A paciente e presente Vovó, que sobre os Tios famosos conhecia tudo nos mínimos detalhes e disto gostava de tratar, de imediato nos tornava conhecedores do bilhete.

"João, leia e deixe o bilhete na mesma página, do mesmo livro, e veja a referência ao final do bilhete que irá entender."

Em verdade, era uma forma carinhosa de Tio Machado tratar a Tia Carolina. Escrevia um bilhete para ela com poemas lindos e sua esplêndida pena, o qual, lido por ela, era respondido e referenciando à página de outro livro.

Por exemplo, na página 58 de *Memórias Póstumas*, se encontrava um bilhete e, ao pé deste, a referência:

Dom Casmurro/73.

Tio Machado ía lá, lia a reposta de Tia Carolina e fazia outro bilhete também com referência.

Muitos desses bilhetes em forma de poemas plagiamos e ofertamos à nossa Biiita na fase de namoro e noivado. Obviamente que com a aquiescência dos Tios famosos, lá de cima.

Acredito que nunca se tenha tomado conhecimento desse fato e tais bilhetes devam estar até hoje nas páginas da edição da Garnier se, como anteriormente aposto, não foram perdidos, escafedidos, gatunados ou defenestrados.

Quantas histórias notáveis escutávamos da Vovó, nos reavivando a memória da Tia Moicana, irmã de nossa Mãe, e das irmãs – a última ainda entre nós – pessoalmente, pois nossa Mamãe e suas irmãs conosco estão nos auxiliando sempre em nossas viagens.

Tia Ruth, a Tia Moicana

Em visitas de nossa viagem ao Rio, como ocorrido em 2001 e 2002, quando participávamos como palestrante no Rio Boat Show, na Marina da Glória, em sua casa nos hospedávamos e relembrávamos com a Tia querida fatos e relatos dos Tios famosos.

Um destes trata de como os Tios se conheceram:

Tia Carolina, belíssima, morena de olhos muito atentos, muito culta e também escritora, e poucos disto o sabem, viera de Portugal após um desentendimento amoroso e ía constantemente à chácara de nossa Bisavó Sara, em São Cristóvão. Aqueles que conheceram a Chácara de São Cristóvão não medem elogios quando apõem suas considerações a respeito. Ampla, com vasto pomar e árvores frondosas, hoje estaria situada onde se localiza o Cemitério do Caju, aproximadamente.

Apresentada à sociedade local da época, ficara íntima da Condessa de San Mamede, casada em segundas núpcias com nosso Tio Miguel, irmão de Tia Carolina, que realizava saraus literários em sua mansão. Num destes foi que Tia Carolina conheceu Tio Machado e logo tomou conhecimento de sua extraordinária cultura. Conta minha avó que Tio Machado, de imediato, apaixonou-se pela belíssima moça.

Dizia-se na época que Tio Machado tinha o dom de escrever o que se queria ler e falar o que se queria ouvir. Com tais predicados, Tia Carolina não iria resistir, obviamente.

À época, a barreira da cor era algo muito sério, mas Vovó Sara apoiara o relacionamento, auxiliando a Condessa Mamede em tal mister, e não poucas vezes na grandiosa Chácara de São Cristóvão passeavam pelo pomar os Tios, tendo como acompanhante a Menina Laura, surgindo assim a afinidade desses por nossa avó materna, que inúmeras vezes, depois que eles se casaram, passava alguns finais de semana com os Tios no Cosme Velho, onde residiam.

Como não tiveram filhos, a Menina Laura passou a ocupar esse espaço. Com o passamento de Tia Carolina, ficou o seu pleito a Tio Machado, que, com o passamento dele, tudo fosse deixado de herança para a Menina Laura. Tio Machado cumpriu à risca o pedido de seu amor e deixou em testamento todos os seus bens para a Menina Laura. Com exceção, os livros editados pela Garnier, à qual legou os direitos autorais.

A Condessa de San Mamede apadrinhou o casal e, mais ainda, mobiliou como presente de núpcias toda a mansão do Cosme Velho, onde foram morar. Objetos estes que convivemos durante anos no casarão da rua Uruguai.

Tia Carolina nomeava Tio Machado de "Machadinho", e o amor de um pelo outro foi sempre a tônica maior do seu relacionamento. Havia um fato, dizia vovó, que muito agradava Tio Machado: o forte sotaque luso de Tia Carolina, do tipo M..chado.

Por vezes, Tio Machado estava a escrever um romance, e à sua saída, Tia Carolina começava a lê-lo e a acrescentar mudanças na história e em seu desenrolar, colocando ao Tio:

"Machadinho, fiz uma pequena inserção no desenrolar dos acontecimentos, a dama estava sofrendo muito!"

Tio Machado não mudava vírgula do aposto por Tia Carolina e deixava como por ela redigido. Assim, muito dos livros de Tio Machado tem detalhes apostos pelo seu amor de toda vida, Tia Carolina.

Certa feita, estávamos a ler um comentário sobre uma biografia de Tio Machado escrita por uma senhora que nem conhecemos, a qual mostrou estar profundamente ausente de conhecimento em suas pesquisas à vida íntima do Tio escritor.

Escrevia que Tio Machado tivera um imenso amor por uma dama ruiva, chegando a ter, dela, um quadro.

Totalmente fora de propósito.

A tela em referência, do pintor italiano Roberto Fontana, que por dezenas de anos admiramos, foi ao Tio Machado ofertada por amigos que, em seu aniversário, resolveram se cotizar e presenteá-lo. É exatamente a tela *A Dama Ruiva*, que, hoje, deve estar no Espaço Machado de Assis na Academia.

A Dama Ruiva

A seguir, detalhes do poema que o Tio fizera em agradecimento.

> A bela dama ruiva e descansada
> De olhos langues, macios e perdidos,
> Com um dos dedos calçados e compridos
> Marca a recente página fechada.
>
> Cuidei que, assim pensando, assim calada
> Da fina tela aos floridos tecidos,

Totalmente calados os sentidos,
Nada diria, totalmente nada.

Mas, eis que da tela se desprende e anda
E diz-me, Horácio, Heitor, Cybrao, Miranda,
C. Pinto, X. Silveira, F. Araújo.

Mandam-me para viver contigo
Oh bela dama, a ordem tais não fujo,
Que bons amigos são! Fica comigo!

A tela em referência encontrava-se em uma galeria na entrada do Jornal, onde escrevia artigos com pseudônimo. O famoso Tio sempre parava para admirar a Dama Ruiva. Os amigos conheciam o fato e, assim, ofertaram a pintura a Tio Machado, como aposto anteriormente.

Nunca houve dama ruiva que Tio Machado cortejasse, e sim, a tela. A narrativa biográfica da escritora está alijada da verdade nesse mister. O único amor de toda a vida de Tio Machado foi Tia Carolina.

Outro aspecto sobre essa tela é que alguns biógrafos transubstanciaram seu nome para *A Dama do Livro* erroneamente. E aqueles que assim pensam não conhecem em nada a Tio Machado. A referida tela foi avocada por Tio Machado como *A Dama Ruiva,* e não *A Dama do Livro.* Basta tão somente se deter no soneto de agradecimento feito por Tio Machado que lá está: *A Bela Dama Ruiva...*

Obviamente que as colocações de certos dados biográficos podem ser distorcidas mesmo porque Tio Machado sempre foi muito reservado quanto à sua intimidade, tanto assim que esses fatos e histórias somente agora são levados a público. Algumas vezes Vovó narrava a repórteres e estudiosos da obra de Tio Machado alguns desses relatos, quando então se tinha a exata dimensão do amor que os Tios nutriam um pelo outro.

Complexo Machadiano

Adentrávamos, após o exame de admissão, ao primeiro ano do ginásio. Deveríamos ter uns 10... 12 anos e fomos estudar no Colégio Pardal Pinho, sito à rua Conde de Bonfim, administrado por Dona Pardal e seus filhos, Maria Helena, Guilherme e José Eduardo, este, para nós, íntimo, o "Zedu", pois cortejava a bela Eufrides, a bela "Fifa", nossa vizinha em frente ao casarão.

Na classe de Português, cujo mestre era professor também do Colégio Militar, fazia esta apresentação de literatura brasileira e mencionava a Tio Machado. De imediato nos levantamos e, com o maior dos orgulhos e satisfações, apúnhamos:

"É Tio Machado, conhecemos bem a ele e sua obra!"

Até hoje, nos arrependemos amargamente de tal dito, pois, de imediato, levamos uma refrega do tal professor, que, nos ridicularizando perante toda turma, riu.

Escovava com a máxima:

"Seu menino mentiroso, Machado de Assis não teve filhos e, por fim, descendente!". Não houve tempo para réplica, mesmo porque nem tínhamos condições de fazê-la.

Assim, e a partir daquele momento, se inseriu em nosso pensamento o *Complexo Machadiano*.

Nós gostávamos do estudo de Português, mas, com tal ocorrência, passamos a olvidá-lo. Meu Nego, com sua experiência, começou a notar essa diferença. Não tínhamos tarefa de casa de Português, e sempre uma desculpa esfarrapada ou outra aparecia de nossa parte.

No Colégio, passamos a ter um comportamento arredio, pouco falávamos e nada escutávamos.

Meu Nego, percebendo tais posturas, conversara com Vovó, e esta, por sua vez, iria vir a descobrir o ocorrido.

Num sábado, nos convidara para comermos umas Mães Bentas, que, como toda Vovó, as fazia com magnífica perfeição.

O Joãozinho ao lado, pois uma das especialidades nossas seria o lamber a panela da massa das Mães-Bentas.

E a Vovó, sempre muito esperta, enquanto nos deliciávamos com as Mães-Bentas, ía colocando o saca-rolhas e obtendo as respostas do ocorrido na classe de Português.

Vovó nunca fora muito afeta a carinhos e demonstrações desse tipo, sempre fora muito reservada, porém era fantástica no seu senso de retidão.

Ao final de seus dias é que se modificou, e muito; até tal fato se devendo à nossa sobrinha Laura Beatriz, a primeira bisneta, com direito a todas as regalias, que punha e dispunha, e Vovó achava o máximo. Nós ríamos a valer por ver como a Vovó se modificara.

À nossa época, um vocábulo chulo ou de baixo padrão de imediato levávamos a reprimenda:

"Menino, te ponho um ovo quente na boca!!!"

Ou então:

"Menino, te escovamos os dentes com sabão!!!!"

Pois bem, Laurinha, a primeira bisneta, nos derradeiros dias de nossa Vovó, dizia-os todos, e ela achava a maior graça. Os tempos eram outros, e Vovó se adaptara bem a eles.

O fato é que, semanas depois, na classe de Português, nós nem prestando atenção, vimos a classe ser obstada com a entrada de Dona Pardal e, a seu lado, como sempre muito elegante, com seus cabelos brancos e um leve tom azulado, a nossa Vovó.

De imediato, o coração parou, o sangue gelara. A minúscula carteira não daria para nos escondermos.

Dona Pardal, com toda sua pose de diretora do estabelecimento, se dirigia ao mestre:

"Professor, gostaríamos de apresentar ao senhor a Madame Laura Leitão de Carvalho, avó de nosso aluno João Francisco, sobrinha neta de Machado de Assis e sua herdeira universal."

Vovó, de forma calma, como era de seu hábito jamais alterar sua voz, mas sempre muito firme e dura quando desejava, se dirigiu ao professor:

"Caro professor, nosso neto João é sobrinho trineto de Machado de Assis e provavelmente conhece a Tio Machado, como é o nosso tratar em casa, talvez melhor do que o senhor. Priva na intimidade com todo o acervo de Tio Machado, conhece sua biblioteca e mais, dela cuida.

Aqui está cópia do testamento de Tio Machado, que de forma gentil ofertamos à Dona Pardal para o acervo de seu educandário, já que, no futuro, será um documento histórico."

Todos se voltaram para nós. Não éramos mentirosos, e havíamos dito a verdade.

O professor estava passado. Sua cara adentrara ao chão!

Todavia, ficou a lição: nunca mais no futuro mencionaríamos qualquer fato relativo a nosso parentesco e descendência com os Tios famosos, e assim se houve.

Muitos dos nossos mais chegados amigos jamais souberam disso, e durante muitas décadas guardamos sigilo absoluto sobre tais fatos. Quando por vezes saía matéria nos periódicos da época sobre Tio Machado e apreciações da Vovó a respeito, os amigos vinham conversar conosco e, de imediato, desconversávamos e mudávamos rapidamente a temática da conversação.

Não obstante esse complexo, não deixávamos de ler e apreciar os escritos de Tio Machado.

Ao realizarmos nossa primeira viagem de circunavegação em nosso veleiro, começamos a redigir e contar em livros nossas aventuras. Quando nos deparamos, já tínhamos cerca de trinta e tantos livros escritos e inúmeros e incontáveis textos. Alguns com narrativas em forma de romance, de lendas e contos, que, no decorrer da viagem, tomamos ciência e fizemos adaptações, como a trilogia *O Pequeno Guardian*, *A Grande Perola Negra* e *O Grande Tiki*. Assim, e na medida de nossas possibilidades, íamos novamente perdendo esse terrível complexo.

As leituras do acervo dos Tios famosos ficaram marcadas em nossa formação e personalidade, e sempre tivemos a alegria de escrever e contar histórias, como trata nosso querido amigo septuagenário "Maga", em Ubatuba, que nos apunha:

"João, você escreve como um condenado!"

Ele, o Magalhães de Ubatuba, sobejamente conhecido do mundo náutico brasileiro, muito melhor contador de histórias e estórias do que nós.

E passamos a notar a idiotice de tal Complexo Machadiano. Deveríamos, ao contrário, de ter tais Tios, ter o maior dos complexos positivos. E assim se houve, passamos a, quando tocado no assunto Machado de Assis, com ênfase, colocar:

"É meu Tio-trisavô e conhecemos sua vida, sua obra e histórias que muitos de seus biógrafos jamais souberam e não estamos a faltar com a verdade."

Foram cerca de 40 anos que carregamos este idiota complexo, mas hoje dele estamos alforriados. Fica na memória o comportamento errôneo de um mestre com pouco ou nenhum senso didático, pois poderia ter tido a oportunidade de ter uma classe com seus alunos, e ele próprio visitado a biblioteca de Tio Machado – à época, a nossa biblioteca. Todavia, naqueles tempos, didática era vocábulo pouco ou quase nada conhecido.

Hoje, superado esse aspecto, já estivemos em diversos momentos enaltecendo de forma mais íntima aos Tios famosos, inclusive no Programa do Jô, onde, no tempo disponível, apresentamos alguns objetos e traçamos relatos sobre o nosso viver com o Acervo Machadiano.

Sendo Jô Soares um fã inconteste de Tio Machado e por ver nele, Jô, muito de nosso Tio Famoso, nos veio a idéia de ofertar a ele ser o prefaciador deste livro, o primeiro escrito por um descendente de Machado de Assis.

III

Vivendo Tio Machado

Ah! Viver Tio Machado foi, para nós, uma dádiva. Dispúnhamos de todo seu acervo e nunca sequer a nós e a nossos irmãos, primos e parentes fora proibido ter acesso à sua biblioteca. Nossa Vovó se sentia entusiasmada quando nos perdíamos naquele perímetro do pavimento superior, onde se encontravam, junto à majestosa escada, seus livros e sua biblioteca.

Afora a limpeza periódica e anual, tínhamos imensos momentos de distração em manusear aquelas raridades, que à época não tínhamos a exata dimensão de seu valor.

Permeadas com sua leitura, vinham as narrações da inesquecível Vovó, a Menina Laura, herdeira universal de Tio Machado, sobre fatos da vida na intimidade dos Tios famosos.

Como dito anteriormente, tais relatos no futuro seriam relembrados pela Tia Moicana em seu apartamento em Copacabana.

Em tais relatos, Vovó sempre fazia questão de apor o carinho que dedicavam um ao outro, os famosos Tios.

Certa feita, Tio Machado se viu muito doente e se transladou temporariamente para a Região Serrana, Barbacena, mais precisamente, segundo as histórias familiares. Nesses tempos, com Tia Carolina a seu lado, ela ía continuando a escrever seus romances e escritos, sempre mantendo a mesma linha redacional de tal forma que não fosse notada. Conhecedora profunda de Tio Machado, seus aspectos redacionais e outros, ela fazia ele se sentir altamente feliz com tais escritos, e como de hábito, Tio Machado não alterava em nada o redigido por Tia Carolina.

Em sua mansão no Cosme Velho, havia uma conversadeira austríaca em forma de "S", de tal sorte que os interlocutores se encontravam sempre de frente um para o outro. Todas as vezes que vinha almoçar em casa, sempre se sentavam na conversadeira e passavam a trocar juras e outros do amar. Eram apaixonados!

Tio Machado morreu de desgosto, cerca de quatro anos após a morte de Tia Carolina. Manteve, após o passamento de sua amada esposa, tudo exatamente com ela mantinha, suas vestes nos enormes armários da mesma forma que ela deixara, até a escova que penteara seus cabelos manteve no mesmo local, guardando seus belos fios pretos como a asa da graúna, como diria Alencar.

Seu poema a respeito da morte da amada esposa é uma das mais belas páginas de saudades que já tivemos a oportunidade de ler:

A CAROLINA

Querida, ao pé do teu leito derradeiro
Em que descansas dessa longa vida,
Aqui venho e virei, pobre querida,
Trazer-te o coração do companheiro.

Pulsa-lhe aquele afeto verdadeiro
Que, a despeito de toda a humana lida,
Fez nossa existência apetecida
E num recanto pôs o mundo inteiro.

Trago-te flores, restos arrancados
Da terra que nos viu passar unidos
E ora mortos nos deixa separados.

Que eu, se tenho nos olhos mal feridos
Pensamentos de vida formulados,
São pensamentos idos e vividos.

Sozinho, ao fazer suas refeições em casa, mantinha sempre à sua frente a mesa disposta como se Tia Carolina viesse se sentar.

Vovó nos relatava que Tia Carolina sempre se referia a Tio Machado como "encantador", sempre muito amigo e carinhoso.

Um dado muito interessante sobre Tio Machado que passamos fazer adoção há muito em nossos escritos com uma forma diferenciada é que ele sempre se manifestava na terceira pessoa. Isso nos chamou em muito a atenção, e passamos a repetir o manifesto do Tio famoso somente utilizando a primeira pessoa do plural. "Nós" ao invés de "eles".

Outro aspecto muito interessante que sempre nos causou muita espécie: sendo Tio Machado filho de escravo forro, jamais escreveu qualquer linha sobre esse tema.

Dizia Vovó que, quando questionado à época sobre tal pelos abolicionistas, se manifestou de forma monossilábica, mudando diametralmente o tema da conversação.

Nos contava Vovó que ele, intimamente com Tia Carolina, comentava ser tão baixo tal tema que não perderia seu tempo se abaixando a tal nível. À época, imaginamos nós, seu silêncio deva ter incomodado; não obstante, hoje, temos a perfeita ideia da proporção de sua magnitude. Outro aspecto que causa controvérsia em vários escritos de seus biógrafos até hoje seria ser o famoso Tio republicano ou monarquista.

Um Tio que viveu anos luz à frente de sua época, sem contudo, perder qualquer momento daquele viver naqueles tempos. Há escritos seus que podem ser lidos a qualquer tempo e não perdem sua beleza nem a afinidade com o presente. Exemplo de tal dito é seu texto: *A CARTOMANTE*, ou aquele que trata da *CARTEIRA DE NOTAS*, ou *A IGREJA DO DIABO*. Sobre este, a Globo acabou por fazer até uma minissérie, todos exponenciais.

Nos recordamos que o extraordinário Nelson Rodrigues semanalmente escrevia no periódico *Última Hora* uma coluna "A vida como ela é", e em muito nos levava a comparar com os escritos de Tio Machado, pois guardavam a mesma linha. Éramos fãs daquela coluna do velho jornalista. Talvez, pela semelhança redacional e de pensar como o Tio famoso, nos volvíamos aos contos de Tio Machado. Além desse detalhe, para nós era uma festa à menina dos olhos, pois, na mesma página e ao lado da crônica do Nelson, se encontravam as "Certinhas do Lalau", o super e extraordinário Stanislau Ponte Preta. Essas "certinhas" eram as vedetes do teatro rebolado à época.

Vivemos Tio Machado de forma plena, inicialmente quando jovens, depois quando mais velhos nos chamava em muito a atenção daquele tesouro à nossa disposição.

Alguns momentos Vovó não apreciava, e sempre havia uma palavra mais dura. Com o advento da televisão, que se encontrava instalada na sala de jantar, após o *Repórter Esso*, imperdível pelo Meu Nego e por toda a família desde os tempos do rádio, passávamos a assistir na TV Tupi, ainda em preto e branco, àquela voz bem postada do Gontijo Teodoro.

Ao sentarmos, alocávamos uma das cadeiras de palhinha à frente para colocar as pernas esticadas. Vovó de imediato nos chamava a atenção:

"O que Tio Machado não iria dizer ao ver suas cadeiras de palhinha sendo utilizadas de tal forma?"

Era um ducha de água fria, que à época não entendíamos bem, face à intimidade que detínhamos com o acervo dos Tios famosos, mas que hoje entendemos mais do que ninguém a apreciação da Vovó.

Posteriormente, no curso científico – estudávamos no Colégio Brasil América, em Botafogo –, já nos preparávamos desde o primeiro ano científico para o vestibular. O inesquecível, e sempre lembrado com carinho por nós, Mestre De Vries, era o proprietário do educandário, e haveria nas interescolas da época um concurso de redação em que todos os alunos tinham que participar.

Chegamos no casarão da rua Uruguai com a novidade. Meu Nego, de imediato sabendo, se manifestou:

"Meu nego, vá a seu acervo particular, dê uma lida nos contos de Machado de Assis, que terá muito boas ideias."

Não nos lembramos bem do tema da redação do concurso interescolar, o que nos lembramos é que, tempos depois, quando até já havíamos esquecido do assunto, Mestre De Vries entrou na classe, todo satisfeito, e em alto som, com aquele seu tom de voz grave, disse:

"Nosso colégio foi o vencedor do concurso interescolar de redação! O 'Sombrinha' foi o vencedor pelo Brasil América entre todos os educandários do Rio de Janeiro!"

O prêmio posteriormente foi entregue na sede da Associação Brasileira de Imprensa (ABI), na Cinelândia, e lá estava toda a família vendo o jovem mancebo receber o prêmio. A pedido nosso, solicitamos aos familiares que não fosse manifesta qualquer colocação de parentesco com Tio Machado. O Complexo Machadiano era forte e terrível.

O fato é que, de todos os netos de meus avós maternos, talvez por morar no casarão mais tempo, termos sempre tido o carinho especial do Meu Nego e face à conjuntura da separação de nossos pais ter pouca idade, adentramos ao Mundo Machadiano de forma inusitada, como narrado em capítulo anterior, e aproveitamos de forma plena e total aquele acervo e sua biblioteca.

Hoje, sentimos imensas saudades daqueles tempos e mais ainda, porque não o aproveitamos de forma maior e profunda. Pudéssemos retornar o tempo e não sairíamos de casa hoje para nada, morreríamos lendo e vivenciando cada minuto daquele incrível, fantástico e extraordinário acervo. Mas a vida nos traz esses detalhes, quando mais idosos é que nos arrependemos de não termos levado a efeito certas vivências da juventude.

O vivenciar os escritos do Tio Machado sempre nos causou muita espécie dois detalhes: o primeiro referente à *Capitu*, foi ou não foi? É ou não é? Aquela dúvida notável aposta por Tio Machado. Perguntávamos à Vovó, e ela sempre colocava:

"Esta foi a ideia de Tio Machado, deixar a dúvida para o leitor."

O segundo aspecto de suma importância para nós é que jamais lemos uma biografia de Tio Machado que tenha sido escrita de acordo com o "mote" que ele deixou, em seu notável *Memórias Póstumas de Braz Cubas*, para nós o mais exponencial de seus livros.

Imagine, à época, tratar um livro do fim para o começo! O processo inverso, depois amplamente copiada a forma extraordinária. Pois bem, jamais vimos uma biografia sua dessa arte. É sempre o mesmo, o menino pobre da Gamboa que se tornou o maior romancista brasileiro, quiçá do planeta.

O fato em destaque e de grande importância foi o seu grande momento de literato. Assim, se fôramos escrever sua biografia, que nunca nos vimos preparados para tal, faríamos da forma de seu *Memórias Póstumas*, partindo do seu final e seu apogeu para a coisa de somenos importância no término, o referente a sua infância e nascimento, como dito por ele à Tia Carolina: coisa que não merece a devida importância.

Certa vez, com uns 12 anos: à tarde, o casarão ficava um pouco vazio. Meu Nego ía às sessões do Instituto Histórico e Geográfico Brasileiro, ou ao Instituto de Geografia e História Militar; Vovó a jogar *bridge* com as amigas; todos a trabalhar; e nós, por estudarmos pela manhã, tínhamos um vasto tempo à tarde, após as tarefas escolares.

Estávamos a aprender a jogar xadrez, e o de Tio Machado era algo que brilhava aos olhos. Peças esculpidas em madeira finamente, com as características de cada peça ricamente entalhadas. Tiramos a redoma, colocamos acima da "bergère" e tranquilamente movimentávamos as peças. O tempo se passou sem que notássemos, e, de repente, nos vimos observados com ar de reprovação pelo Meu Nego.

O Jogo de Xadrez de Tio Manchado

Quando ele matinha aquele olhar, era o final do mundo. Ainda bem que foram poucas as vezes que o deparamos assim.

"Meu Nego, guarde tudo da mesma forma e venha ao meu gabinete."

Cabisbaixo, sem saber o que fazer com as mãos, cumprimos o mando e adentramos no gabinete para a refrega total.

Vovô tinha reações de grande figura humana inesquecíveis. Sentado em sua confortável poltrona de couro natural, nos fez assentar em nossa cadeirinha austríaca – bem, a de Tio Machado.

De forma calma e tranquila, como de sua personalidade no trato com os seus, colocou:

"Meu nego, aquele xadrez é uma obra de arte, não só por seu valor histórico, mas também por seu trabalho artístico. Hoje, é mais para ser admirado como o quadro da Dama Ruiva. *Assim, veja por este lado da arte do rico, do inusitado, e não opere ele novamente, pois imagine: se uma peça cai e quebra, o dano terrível que será."*

Passados uns dias, novamente somos avocados ao gabinete. Meu Nego, com um embrulho nas mãos, na mesma poltrona, nos dizia:

"Isto é para que aprenda a jogar xadrez."

E nos ofertava um jogo tradicional com um tabuleiro e três livros sobre as técnicas do xadrez.

Detalhe que jamais iríamos nos esquecer em toda a vida: a forma de ação de meu avô, que inegavelmente hoje o ressaltamos como aquele que soube nos fazer vivenciar e educar em tempos diferentes e, sobretudo, com a disponibilidade daquele acervo fantástico à nossa disposição, com as limitações obvias, como o caso do Jogo de Xadrez.

Viver Tio Machado naqueles tempos foi, para nós, uma escola, e hoje temos a exata dimensão do que a nós fora ofertado pelo destino. Superior a isso, termos tido o Meu Nego com a visão de farol alto para nos iniciar de forma tão peculiar no Mundo Machadiano.

Conhecendo Gente Importante

Muitos visitantes ilustres estiveram no casarão da rua Uruguai, todavia a nós, crianças educadas ao sistema rígido europeu, não era permitido participar da recepção a essas visitas.

Eram repórteres ilustres, acadêmicos, "Imortais", que hoje fazem parte da história da notável Academia Brasileira de Letras, como o Mestre Austregésilo de Ataíde, que, no curso científico, no Colégio Brasil América, estudamos com seu neto, o inesquecível colega "Boca". Enfim, personalidades do mundo da cultura gravitaram naqueles tempos ao redor do casarão, ávidos por conhecerem mais amiúde o acervo dos Tios famosos.

Já mais velhos, nos lembramos de duas dessas visitas, já que delas pudemos participar. A primeira, somente como ouvinte; a segunda, como interlocutor. Dessas duas visitas jamais esqueceremos e trazemos os detalhes vivos na memória.

A primeira visita famosa:

Corria o final da década de 50, ou o início dos anos 60, não nos lembramos exatamente do ano. Sexta feira, por volta das 20 horas, nós, sentados no *hall*, acompanhávamos Meu Nego no seu jogar da "Paciência", após o jantar, enquanto aguardava o soar do relógio suíço quadrado, de madeira, aposto na parede principal quando do toque das nove horas ele subia de forma solene a grande escada rumo à sua bela e espaçosa suíte e dizia a nós todos:

"Bem, minha gente, está numa hora honesta!"
Antes desse célebre anunciado cotidiano, toca o telefone.
Atende minha Tia Eleonora e chama a Vovó:
"Mamãe, telefone, em alemão!"
Tal fato nos deixou a todos atentos, pois alemão falavam correntemente o Meu Nego e a Vovó, pois o Meu Nego servira como oficial brasileiro no Exército do Kaizer, onde nasceram, em Torgau e Dublin, nossas queridas Mãe Beatriz e Tia Laurita, respectivamente. De tal arte, nossos avós falavam correntemente o alemão. Podendo desta arte ler e comentar conosco os livros da biblioteca de Tio Machado no idioma germânico. Mas, um telefonema em alemão era uma soberba novidade.

Vovó atende ao telefone, fala em alemão e desliga, se virando para o Vovô. A todos, expõe:

"Domingo, teremos uma visita ilustre que virá conhecer o acervo de Tio Machado, o Grande Maestro Stravinsky!"

Maestro Igor Stravinsky

A primeira observação foi de surpresa para todos, entretanto, para nós, a reação fora outra:

"Vovó, quem é o Grande Maestro com nome complicado?"

E as explicações se houveram de forma plena. Amantes da música, e Vovó exímia pianista, não teceram poucas palavras sobre o grande Mestre.

Domingo, por volta das 10 horas da manhã, chega ao casarão o ilustre visitante. A arte de bem receber sempre fora máxima para meus avós. Chá da Colombo encomendado, tudo de primeira para o grande Mestre.

Nós adorávamos esses momentos, pois a Colombo era "superbe", principalmente para nós *"petit enfant"*.

Nos perdoem os leitores por vezes apresentarmos vocábulos no idioma de Russeau e Voltaire, coisa que era contumaz no casarão, pois o francês à época era corrente e fluentemente falado e, ao mesmo tempo, fornece a narrativa um cunho de autenticidade daquele vivenciar. Não é nossa intenção levar aparências de se mostrar, ou coisa semelhante. Longe disso nosso pensar ser um gabarola.

Nos dias de hoje, o idioma internacional é o inglês, mas aqui em Moorea, Polinésia Francesa, revivemos aqueles tempos e vamos colocando nosso saudoso francês em dia. Talvez, e até por esse motivo, tenhamos tido a oportunidade e o incentivo para finalizarmos este livro.

Apresentações, e os avós falando correntemente o alemão, o que ocasionou surpresa ao Grande Maestro, sendo explicado pelo Meu Nego o porquê de conhecer bem o idioma germânico. Depois viríamos a saber que o famoso Maestro, de origem russa, falava francês e também o inglês, pois morava em Nova York, onde viria a falecer anos depois. Mas, segundo diziam à época, gostava de se expressar em alemão.

Já na sala de visitas, bem iluminada e com todas as suas grandes janelas abertas, o ilustre visitante pôde observar alguns dos raros objetos do acervo de Tio Machado, se entusiasmando com o retrato de Madame Recamier. Porém, o fato incrível viria a seguir, quando, olhando o belíssimo piano de cauda, não se conteve e disse[1]:

"Madame Leitão de Carvalho, este é um piano dos mais preciosos, quem o toca?"

Vovó, que sempre soube utilizar a modéstia com maestria, de forma simples, apôs:

"Maestro, outrora tivemos momentos muito especiais neste piano, mas agora pouco ou quase nada dedilhamos."

"Madame, poderia nos brindar com uma peça?"

E Vovó executou uma peça de Mozart que deixou a todos maravilhados. O Maestro se sentiu à vontade e, sem interromper a Vovó, a acompanhou a quatro mãos.

"Notável Madame, viemos a conhecer o Acervo Machadiano e acabamos por conhecer uma exímia pianista!"

Não há necessidade de se apor que, de imediato, as barreiras do protocolo foram abaixo e o Maestro passou a ser da família. Hoje nos damos conta da notável figura desse incrível Maestro e artista, que, de forma ímpar, conseguiu algo extraordinário.

Conheceu todo o acervo dos Tios famosos, com Vovó narrando em detalhes fatos e histórias que poucos ou quase ninguém teve conhecimento, num alemão fluente e bem falado.

O fato é que o Grande Maestro se sentiu muito à vontade e agradecido pela boa receptividade a ele ofertada, e nós

---

[1] O diálogo original se deu em alemão, sendo, aqui, colocado em português.

conhecemos o primeiro ilustre visitante, o renomado Maestro Stravinsky. Lembramos que o famoso Maestro ofertara aos nossos avós um vinil, por ele autografado com uma gentil dedicatória, com suas mais recentes criações.

A segunda visita – já não éramos mais meninos, tínhamos uns 17 anos ou por volta de – também ocorrera num domingo pela manhã.

Após o café, Meu Nego se dirigia ao seu gabinete para a leitura do *Correio da Manhã* e do *Diário de Notícias*, os jornais mais expressivos na época. Nós o acompanhávamos nessa leitura, pois sempre fazia colocações muito interessantes sobre os aspectos conjunturais da política, nos ofertando verdadeiras aulas, que hoje nos lembramos com tantas saudades, e acreditamos a maioria dos brasileiros com nossa faixa etária, ao nos depararmos com a podre política partidária atual. E por tais ensinamentos até hoje nos consideramos ferrenhos conservadores e firmes patriotas.

A campainha do casarão toca e a copeira vem ao gabinete:

"Marechal, visita para o senhor!"

Domingo pela manhã, visita para o Meu Nego. Com toda certeza, deveria ser de um dos seus camaradas de caserna e, como já conhecíamos sobejamente a todos e suas notáveis e sempre lembradas histórias ouvidas pessoalmente e lidas nos livros escritos pelo Meu Nego, nos quedamos na leitura dos periódicos.

Ao retornar ao gabinete, Meu Nego vem acompanhado de um senhor de fartos cabelos grisalhos, não sendo normal em seus colegas de farda – coisa que nos causou espécie de curiosidade –, com um semblante radiante, de quem está sempre de bem com a vida. Meu Nego se vira para nós e apresenta o visitante:

"Meu Nego, apresento a você um dos maiores romancistas contemporâneos brasileiros, recentemente empossado como imortal. Ilustre membro da Academia Brasileira de Letras, nosso estimado amigo Jorge Amado!"

Jorge Amado

De imediato, nos recordamos do seu livro *Capitães de Areia* e chamamentos do mar que sempre nos elevou. Depois de aposentados, a ele nos dedicamos em nossas viagens pelo mundo, em nosso veleiro GUARDIAN.

O ilustre visitante nos estende a mão e coloca de forma inesquecivelmente simpática:

"Muito prazer, Meu Nego!"

Jorge Amado viera nos visitar para ofertar ao nosso querido Meu Nego seu último livro escrito, no qual fez, no desenrolar do romance, uma carinhosa homenagem a Meu Nego. No livro *Farda, Fardão, Camisola de Dormir,* em que trata da eleição de um militar para a ACADEMIA, cita Vovô como ajudante de pessoas a fugirem da Alemanha Nazista. Trata-se de uma homenagem a Meu Nego.

Após a oferta, solicitou ao Meu Nego sobre a possibilidade de ver um livro da Biblioteca de Tio Machado, o que ensejou sermos avocados da forma a seguir:

"Amado, o Meu Nego irá ser seu guia neste mister, pois poucos conhecem esta biblioteca de Machado de Assis como ele, pois anualmente é ele quem faz a manutenção de toda ela. Assim, diga o livro que deseja, o idioma e se romance, ensaio, filosofia ou outro, que ele encontrará de forma precisa e em pouco tempo."

O renomado escritor e romancista brasileiro, de forma simpática, nos acompanhou à biblioteca, e o livro desejado era um de Voltaire, não nos lembramos bem qual foi a obra do grande escritor francês; o que nos lembramos é que foi com facilidade que o encontramos, causando espécie ao ilustre visitante.

Retornando ao gabinete onde faria anotações, pois não era permitido a ninguém levar qualquer livro do acervo dos Tios famosos, Jorge Amado, se virando para Meu Nego, colocou:

"Marechal, o Meu Nego é rápido como um raio, como ele conhece tudo..."

"Amado, ele tinha uns 7 a 8 anos quando começou a conhecer Machado de Assis, exatamente limpando os livros e aplicando querosene com naftalina em todo o acervo bibliotecário. Hoje são mais de 10 anos que ele o faz de forma periódica, de sorte que não somente deu a devida manutenção à biblioteca como também já leu toda a obra de Machado de Assis!"

Obviamente que aproveitamos a oportunidade para nos referenciarmos aos escritos do ilustre romancista, que nos valeu de especial e informal alisar dos cabelos, deste que inegavelmente é dos maiores romancistas brasileiros contemporâneos. Semanas depois dessa visita, éramos presenteados com um de seus livros, com uma simpática mensagem autografada.

Assim, Tio Machado nos ofertou a conhecer essas duas notáveis e especiais personagens de nosso tempo. Hoje, ambas já fizeram seu passamento; todavia, como o sol ao se por, suas luzes continuam a brilhar por muito tempo, e para nós, que tivemos o privilégio de conhecê-las, será sempre uma grata e honrosa lembrança que brilhará para todo o sempre.

LIBERTANDO O COMPLEXO

Nas noites enluaradas, na imensidão do mar, tendo como companheiros a Dama Prateada e o Azulão, ecos do pretérito se tornam presentes e recordamos aqueles diferenciados e inesquecíveis tempos em que vivenciávamos todo aquele exponencial acervo ofertado em testamento à nossa avó, a Menina Laura, pelos Tios famosos, José Maria Machado de Assis e Carolina Augusta Xavier de Novaes Machado de Assis.

Foram nesses momentos de intropensamento que nós iniciamos a despojar e defenestrar de uma forma peremptória este complexo, como já referido em capítulo próprio.

Passamos a observar e analisar os fatores que nos levaram a tal mister e, com a idade e consciência mais maduras, vimos o quanto deixamos de conviver mais amiúde com os elementos apostos à nossa disposição.

Não obstante àqueles tempos que acabrunhados ficávamos com a alforria de tal complexo idiota, passamos a reviver com uma extraordinária vontade todos aqueles momentos vividos no casarão da Rua Uruguai, na velha, querida e inesquecível Tijuca. E mais: agregar por meio de leituras contínuas e muito analisadas a obra de Tio Machado.

A bordo, podíamos, em marinas ou quando em portos nos quais chegávamos a utilizar a internet como fator incomensurável de pesquisas, notar a imensidão de críticos, pesquisadores, analistas e outros sobre as obras do famoso Tio.

Somente no Orkut, existiam diversas comunidades trocando informações e outros sobre seus livros, com comentários por vezes até bem picantes, mas também bem interessantes sobre e da obra machadiana.

Dessa arte, começamos a notar que a obra machadiana transcendeu ao tempo; são jovens, adolescentes, pessoas mais velhas... enfim, todas as faixas etárias lendo seus livros de forma extraordinária. Isso é notável.

Caminhamos pelas veredas de seus contos, textos de "imortais" e biógrafos comentando e referenciando a eles, inclusive chegamos a visitar o site da Academia Brasileira de Letras e a nos deliciar ao admirarmos novamente aqueles mobiliários com os quais convivemos grande parte de nossos dias. Estão todos devidamente arrumados e bem dispostos, em ambos os sentidos, no Espaço Machado de Assis.

Por muitas vezes recebíamos, e ainda recebemos, e-mails a respeito de nossa descendência com os famosos Tios e, de imediato, respondemos. Isso após nosso especial amigo e velejador Cláudio Vieira ter aposto em nosso livro *Conversando com o Guardian*, em sua orelha, que éramos sobrinhos trinetos de Machado de Assis.

Hoje, comentamos de forma bem franca com aqueles que nos procuram como foi o conviver com todo aquele especialíssimo acervo. Muitas dúvidas e questões, dentro de nosso conhecimento sobre ele, procuramos de uma forma bem aberta transmitir àqueles que nos escrevem.

Como colocamos anteriormente, estamos a navegar pelo mundo, de sorte que os momentos de estada no Brasil não são muito longos, o que não nos permite estender em demasia conversas e paralelos sobre os momentos de convivência com o patrimônio dos famosos Tios, herdados por nossa avó. O normal ocorrido era sempre o falar de nossas viagens. Surgindo, assim, a ideia de escrevermos este livro, que passa a fazer parte da nossa coleção.

Ainda, emprestamos nossa homenagem e agradecimentos àqueles parentes que nos iniciaram e tão bem se houveram em nos ensinar a conhecer a obra de Tio Machado.

Nos liberamos totalmente de qualquer aspecto que nos deixasse acabrunhados dessa descendência e hoje, até ao contrário, comentamos em demasia sobre esse fato – estamos sempre a nos referir. Superamos de forma total aquele pensamento carregado desde o fato ocorrido no Colégio, ao iniciarmos o curso ginasial.

FATOS MODERNOS

Durante toda nossa vida, até aos dias atuais, principalmente quando se comemorou o centenário de passamento de Tio Machado, sempre tivemos íntima relação com os ditos e, até mesmo, as homenagens ao ilustre Tio romancista levadas a efeito.

Até, por vezes, a imprensa, com informações outras e distorcidas, impõe a nós, descendentes de Tio Machado, um fardo muito pesado, como relatamos a seguir:

Em 2001, nos encontrávamos em Bali, na Indonésia, onde estivemos por cerca de dois anos em nossa viagem de circunavegação.

Havíamos sido convidados pelo estimado amigo Ernani Paciornic, diretor presidente do Grupo 1, leia–se, *Revista Náutica*, como palestrante no evento máximo da Náutica no continente sul americano e um dos mais destacados internacionalmente, o Rio Boat Show. O evento ocorrendo em maio daquele ano.

Após uma viagem exaustiva, chegávamos ao Rio de Janeiro e ficaríamos hospedados no vasto apartamento de Tia Moicana, em Copacabana, na altura do Posto 5; dessa forma mais cerca do evento, que se realizaria na Marina da Glória, no aterro do Flamengo, um dos cartões de visita do Rio de Janeiro. Hoje, o Rio está entregue à marginalidade em ambos os sentidos, à das favelas e à dos palácios.

Chegada após muitos anos sem vermos os parentes e o "Joãozinho" realizando algo inusitado para os padrões familiares, narrando as histórias e peripécias de uma viagem volta ao mundo, os diferentes países e culturas visitados e conhecidos.

Em voga no momento, no seio familiar, se tratava da venda do espaço no Cemitério São João Batista, onde antes estivera o Jazigo Perpétuo de Tio Machado e, com o total translado de todo o belo mausoléu para a nova sede da Academia Brasileira de Letras, lá se encontrava somente um buraco e vazio. Na Academia se encontram, inclusive, as cinzas do casal de Tios, cerimônia esta assistida por nossa irmã mais velha, Maria Thereza, representando a família.

Por consenso familiar, ficou decidido que se faria a venda daquele espaço bem localizado e em destaque naquele cemitério da Zona Sul do Rio — lembrando e repetindo que lá somente havia um buraco vazio.

Nossa irmã Maria Thereza ficara responsável pela transação, e em poucos dias havia já o comprador. O valor ofertado à época estava na ordem de R$100 mil. Quando se esbarra nos procedimentos da Santa Casa de Misericórdia, na gestora daquele patrimônio, a operação de venda fora negada sob a alegação de que somente a instituição poderia comprar e vender. O provedor, à época, nos fez a oferta formal da Santa Casa, no valor de R$30 mil.

Como obviamente sua oferta foi recusada, se sentiu ultrajado e partiu para plantar notas na imprensa, vociferando, de forma camuflada, de estarem os descendentes de Machado de Assis a dilapidar seu patrimônio e acervo.

Sendo nossa Tia Moicana a última das filhas vivas da Menina Laura, a herdeira universal de Machado de Assis, o telefone não parava de tocar, querendo a imprensa saber o porquê de tal comportamento dos descendentes do ilustre romancista.

E assim, nos vimos, de repente, envolvidos naquele turbilhão de informações incompatíveis com a verdade dos fatos.

Inicialmente, ficamos enojados com o comportamento do tal provedor.

Com tais vendas e de tais formas, provavelmente qualquer um ficaria milionário, e muito rápido.

O vazio sepulcro seria negociado por R$30 mil e provavelmente, *a posteriori*, vendido de forma camuflada por R$100 mil, ou até mais.

Esse fato deixou a todos terrivelmente magoados, mesmo porque o que existe lá no São João Batista é tão somente um buraco vazio.

Dentro dessa linha de pensar, analisamos as doações feitas por nossa Vovó à Academia Brasileira de Letras, como a biblioteca de Tio Machado, que nunca a imprensa disse nada a respeito.

Imaginem as ofertas que nossos avós receberam por aquele acervo, de colecionadores, de antiquários, nacionais e estrangeiros, fortunas que nem temos ideia de cálculo. Pois bem, foi feita doação à ABL, isso por ter e querer nossa Vovó que a biblioteca de Tio Machado ficasse em solo brasileiro e, mais ainda, pela instituição em que ele é o patrono.

Nos lembramos que, de certa feita, vovó recebera de um colecionador estrangeiro uma oferta pelo quadro de Madame Recamier. Era uma verdadeira fortuna até para os dias atuais. Vovó negou e colocou: todo o Acervo Machadiano por ela herdado ficaria em solo brasileiro, como se houve.

Posteriormente, decorridos alguns anos, as obras como A Dama Ruiva, as cadeiras leves austríacas, o Jogo de Xadrez e outros objetos foram negociados e vendidos à ABL para a criação do Espaço Machado de Assis. Nosso irmão Zuza foi até quem trabalhou na transação, recebendo a comissão da Vovó, que deu para ele fazer a aquisição de um pequeno veleiro, Marreco 16, o qual, durante alguns anos, se encontrava na Marina da Glória, o "Três Bi".

Hoje, já em tempos diferenciados daqueles do casarão da rua Uruguai, a conjuntura nacional e internacional totalmente incompatível com aqueles tempos dos anos dourados do Rio de Janeiro, começamos a fazer análise do testamento de Tio Machado e levantamos, no seio familiar, alguns elementos que devem ser aclarados por juristas e senhores conhecedores da lei.

Inicialmente, em seu testamento, no qual Tio Machado faz nossa avó Laura sua herdeira universal e possuidora de todos os seus bens, está claramente aposto que as suas obras impressas pela Garnier são a esta, Garnier, legadas.

Pelo aspecto legal, segundo informações recebidas de juristas amigos, havendo herdeiros a herança, não deve cair em domínio público, pois se estaria lesando os herdeiros. Provavelmente, os proprietários da Garnier possuem herdeiros. Isto, vale dizer, que os herdeiros dos proprietários da Garnier têm total direito àqueles direitos autorais de todas as obras explícitas por Tio Machado no seu testamento. Será que eles sabem disso?

Ainda há os aspectos que Tio Machado escreveu diversos outros textos, inclusive alguns com pseudônimo, e que esses fazem parte da herança recebida pela Menina Laura no que tange os direitos autorais. Muitos desses textos, senão quase todos, já foram publicados por diversas editoras sem que se pagasse qualquer direito autoral aos herdeiros. O tema é tratado também como de domínio público.

Quanto a esse aspecto, jamais qualquer setor da imprensa ou correlato nos deu ou fez qualquer informação a respeito. E a família também nunca se viu interessada em tal mister.

Esta é uma apresentação que fazemos agora para que se tenha uma ideia do quanto, em termos financeiros, os descendentes legais dos proprietários da Garnier e nós, de Tio Machado e Tia Carolina, deixamos de receber.

Enquanto isso, são dezenas de editoras publicando e vendendo seus livros a peso de ouro, mormente quando se comemorou seu centenário de passamento.

"Modus in rebus" é mais ou menos o ocorrido com aquele provedor da Santa Casa, recebendo numerários de forma não muito correta. Lesando ou querendo lesar os herdeiros de Machado de Assis.

Fica assim levantada a questão jurídica para os doutores da lei analisarem. Provavelmente, havendo uma demanda desse teor e valor, fatalmente o recebido não seria para nós, nem aos nossos netos. Mesmo porque todos conhecem, sobejamente, a ligeireza da Justiça em nosso Brasil. E mais ainda, não estaríamos interessados.

Parafraseando nosso sempre lembrado e querido amigo, irmão de Maceió, Caio Porto Filho, desde "pequeninho":

"Dinheiro que doutor sabido não conta e ladrão esperto não carrega!!!"

O fato, entretanto, é que se estaria levantando um tema que poderia vir a ter notáveis e incríveis comentários, além de, obviamente, desdobramentos. Em se tratando de um buraco vazio, deu tanta celeuma que, imaginem, em se tratando de direitos autorais.

À época, Tio Machado esteve a receber as homenagens em seu centenário de passamento, e a família esteve sendo convidada a dele participar, coisa que muito nos honra, a todos seus descendentes, pois, para nós, é motivo de júbilo, honra e orgulho termos tal descendência. Motivo até pelo qual decidimos finalizar este livro, ofertando à memória dos ilustres Tios nossa singela, mas autêntica, homenagem.

VII

FAMÍLIA DA VOVÓ

Nossa Vovó – a Menina Laura, filha de Bonifácio Gomes da Costa, Marechal do Exército Brasileiro, testemunha legal do Testamento de Tio Machado, e Sara Braga e Costa, nossos bisavós maternos – tinha mais três irmãos: Tia Helena, com quem muito convivemos, pois também habitava no casarão da Tijuca; nossa querida Tia Helena e sua sobrinha, a querida prima Lívia, com quem convivemos na infância e juventude e, posteriormente, na idade adulta. Todas nos deixaram marcas indeléveis de amor, carinho e atenção. Os móveis de Tio Machado que lembramos eram da Tia Helena, presenteados pela vovó; Dentre eles, havia o barateiro, que ficava na copa, junto à mesa das crianças.

Aqui, um pequeno informe sobre a mesa das crianças. Todas estas faziam suas refeições na copa e nessa referida mesa. No salão de jantar, onde estavam as 10 cadeiras e a mesa de Tio Machado, como antes referido, somente os adultos sentavam. Ao completarmos 15 anos, recebíamos a carta de alforria da mesa das crianças e estávamos autorizados a sentar na mesa dos adultos sem direito à fala, somente sendo liberados desse protocolo ao completarmos 18 anos.

Cabe ressaltar que, como o mais novos, junto à prima Lívia, fomos os derradeiros a deixar a mesa da copa.

Mas sim, voltemos ao barateiro:

Linda peça em duas partes: a inferior com duas gavetas e, abaixo delas, duas portas de abrir, lindamente entalhadas com aves tipo faisões. Ficava elevada do piso por pés também lindamente entalhados. Na parte superior, uma bela pedra de alabastro encimava o conjunto inferior. Em seu fundo, havia um espelho e, acima, uma pequena prateleira com pequeno guarda copos ricamente decorada com pequenos postes torneados.

Esse móvel o chamávamos de Barateiro devido a certa vez ter sido encontrada uma barata sob ele. A criançada, de imediato, o nomeou de barateiro e assim foi batizado até o fim dos tempos.

Acreditamos que esteja sob posse da prima Lívia, em Niterói, onde ainda vive, herdeira de todos os bens da querida Tia Helena. Outro móvel, também de Tio Machado que vovó deu à Tia Helena, foi um grande armário de duas portas, com cerca de um metro e vinte centímetros cada, o qual ficava na sua suíte, todo em carvalho encerado sob pequenos pés torneados, tendo em seu frontispício também belíssimos entalhes.

Tia Helena, nossa tia-avó, para nós, foi inesquecível, sempre muito amiga, e nos tratava com extremo carinho. Quando namorávamos nossa Biiita, e posteriormente durante o noivado, o telefone particular dela, em sua suíte, ficava à nossa disposição para falarmos sem tempos de duração, uma dádiva naqueles tempos da década de 60.

Outro fato que nunca nos esqueceremos da querida Tia era seu mingau preparado à noite, o qual seria nosso café da manhã quando saíamos bem cedo, às cinco horas, rumo ao Colégio Brasil América, na Rua das Palmeiras, em Botafogo, onde cursamos o científico. Aquele mingau da querida Tia era nosso reforço matinal, o qual ela própria fazia todas a noites de véspera durante a semana.

Saudades sempre da querida Tia Helena, suas atenções para conosco. A guardamos com muito carinho em nossa memória até hoje.

Vovó tinha ainda mais dois irmãos: Tio Henrique e Tio Sílvio, o pai da prima Lívia, sua caçula.

Tio Henrique guardamos pouco em nossa memória, pois faleceu em um acidente doméstico quando tínhamos uns 7 anos. O primeiro contato nosso com um enterro, muito chocante.

Vovó Sara, já viúva – não chegamos a conhecer vovô Bonifácio –, não morava mais na chácara de São Cristóvão e se mudara para uma ampla residência no Rio Comprido, Rio de Janeiro, na rua Sampaio Viana. Aos sábados, quando ainda pequenos, todos íamos lá.

Tio Henrique, empregado dos primeiros da Caixa Econômica Federal, talvez tenha nos protegido em muito, lá de cima, quando da Extinção do BNH, em 1986, onde éramos arquitetos, e ao sermos jogados na Caixa, sofrendo terríveis perseguições por parte de alguns sibaritas que nos viam como estranhos no ninho.

O outro irmão era o Tio Sílvio, com este convivemos bastante. Médico, professor, pesquisador e uma notável figura humana, ficara viúvo de Tia Edina, a quem não conhecemos, mas diziam ser muito bela. Segundo as histórias na família, o querido tio-avô ficara muito abalado. Seus filhos, as primas Emília, Lúcia e Lívia, moraram conosco também no casarão da Tijuca. O único filho homem, Otávio, ficara com o tio Sílvio em Niterói, onde vivia, no bairro Cubango Fonseca, numa belíssima chácara, a qual, segundo os mais velhos, lembrava em muito a de São Cristóvão.

No no seu segundo casamento, Tio Silvio uniu-se com a Rosa, a quem conhecemos e sempre nos tratou com muita simpatia e carinho. Ganhamos, dessa união, os primos Rosa, Anna e Henrique Otávio

O Tio tinha longas barbas; era alto e espadaúdo, cerca de dois metros. Para nós, quando criança, nos assustava em muito.

Chegamos até a, mais tarde, em nossos velejares pelo Pacífico, escrevermos um texto sobre esse querido tio-avô que sempre nos chamou muito a atenção. Quando já mais velhos, com nossos 16 anos, em muitas vezes fomos visitar sozinhos ao tio em Niterói, onde muito com ele aprendemos ensinamentos notáveis e inesquecíveis. Tio Sílvio também recebera da Vovó alguns móveis de Tio Machado, todavia não os conhecemos em detalhes como àqueles que víamos diariamente e durante muitos anos.

Desses irmãos da Vovó guardamos excelentes lembranças, e todos nos deixaram notáveis ensinamentos, cada qual à sua maneira.

Parafraseando Tio Machado,

"Que bons tios tivemos, fiquem sempre comigo!!!!!!"

EPÍLOGO

Como o exponencial leitor pode ter notado durante a leitura, para nós foi motivo de exacerbada honra e esmerado orgulho ter convivido com o Acervo Machadiano de forma íntima. E mais que tal, ao lermos seus livros, inúmeras e repetidas vezes, apreciar de forma sobeja sua vasta biblioteca abriu-nos horizontes e nos ofertou uma visão maior – diríamos até uma visão de farol alto.

Assim, com hemorragias de prazer, estamos hoje escrevendo estas linhas e apresentando nossos protestos de gratidão por aquela esplêndida e inesquecível doação à nossa avó Laura, a "Menina Laura", que em momento algum de sua vida e de seus descendentes, também como o nosso caso, deixou de incentivar a enaltecer sempre aos tios Carolina e Machado de Assis.

Hoje continuamos fiéis àquele pensamento de nossa avó, o mesmo pensar, o mesmo objeto, a mesma prática, a mesma atitude, o mesmo sentimento que por anos a fio por nossa querida e iluminada avó Laura e nosso querido e saudoso Meu Nego foi exercido e levado a efeito em preservar aquele incrível, fantástico e extraordinário acervo de forma esmerada e bem-cuidada.

Já marcados pelas rugas da idade, por vezes navegando literalmente em longínquas plagas, plagiando o máximo poeta lusitano, "por mares nunca dantes navegados…" por um cidadão brasileiro, na tranquilidade do calmo e ameno velejar, nos envolve o manto do passado, com suas saudades daqueles notáveis e inesquecíveis tempos, diferenciados em muito dos tempos presentes e dos jovens desta época moderna.

Ao assistirmos a um belíssimo pôr do sol, nas águas da Polinésia, quando todas as cores quentes do astro rei desfilavam na passarela do céu, onde é muito em voga tal mister, nos elevamos a momentos de lembranças dos Tios famosos, também sol em suas vidas e continuadamente brilhando por muitas gerações de brasileiros, no passado, no presente e no futuro. Pois, como o mirar do sol polinesiano, aqueles que tiveram a oportunidade de ler seus escritos jamais os esquecerão.

A você, estimado leitor, provavelmente também admirador da obra de nossos famosos Tios, deixamos a seguinte sugestão: leia os livros de Tio Machado em diferentes fases de sua vida e irá notar como extraordinárias e diferentes serão suas interpretações sobre o mesmo livro, projetando análises e pensamentos totalmente diferenciados da leitura anterior. Isso é, para nós, a grande magia que Tio Machado de Assis, um homem anos luz à frente de seu tempo, a nós, seus leitores e admiradores, legou.

Para nós, aí reside toda sua obra, e isso é *superbe, cest mangfique*!!!!!!!!

Foi exatamente aqui, na Polinésia Francesa, na ilha de Moorea, que encerramos estas linhas, uma homenagem de um de seus descendentes aos Tios famosos.

Parafraseando Marie Gauguin, neta do extraordinário pintor francês Paul Gauguin, no prefácio do livro Otahui, a nós ofertado por seu autor, o estimado amigo Jean Louis Borrois, quando estávamos na Marina de Vaiare, em Moorea:

...OTAHI a rendu la parole au PARAPARAU, *ces palabres océaniennes oú on laisse de temps aux mots et aux paroles, oú on les répete de génération em génération comme des légendes san lendermains, mais dont ou savoure inlassablemente de coté marveilleux...*

Marie Gauguin argumenta sobre o clima, o élan, a beleza na qual a cultura da Polinésia nos envolve e impõe. Façamos, pelos Tios Machado e Carolina, da mesma arte com o legado da literatura brasileira.

AGRADECIMENTOS

Faz-se mister, ao encerrarmos as linhas deste livro, repetimos, o primeiro escrito por um descendente de Machado de Assis e Carolina Augusta, que façamos nossos mais veementes protestos de gratidão àqueles que nos auxiliaram em muito neste trabalho.

À nossa Tia Ruth (Tia Moicana), que nos recordou outros fatos da intimidade dos Tios famosos e nos clareou outros detalhes esquecidos. Isso em conversas inesquecíveis, quando ambos enaltecíamos a nossos avós paternos e seus honrados e queridos pais.

Da mesma forma, à sua filha e nossa sempre priminha do coração, Ruthinha, que nos assessorou de forma ímpar por meiodos longos e intermináveis e-mails em troca de ideias e outros.

À nossa irmã mais idosa, Maria Tereza, por suas críticas sempre construtivas e pertinentes, aliás sua nota maior.

Ao acadêmico e imortal professor Arnaldo Niskier, por ter criado o *ESPAÇO MACHADO DE ASSIS*, na Academia Brasileira de Letras.

À nossa sempre presente esposa, Balbina, nossa Biiita, que, como de hábito, faz a revisão de ortografia, gramática e sintaxe de nossos textos e livros, das mais proeminentes conhecedoras deste mister. Agregamos, além de nossos agradecimentos, as nossas palavras de amor e bem querer a uma notável companheira de vida.

A todos vocês, irmãos, primos, parentes e amigos das velhas e novas gerações que conviveram no casarão da Tijuca e privaram daquele acervo ou ouviram histórias a respeito, nosso sempre maior e melhor abraço.

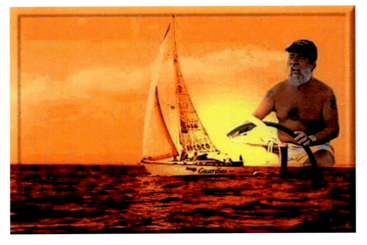

JFS

Novembro de 2008.
Moorea, Polinésia Francesa.
Finalizado de forma definitiva em 2023, em Maceió

CONTATOS DO AUTOR

E-mail: guardianboat@yahoo.com.br
Facebook: João Sombra
WhatsApp: (82) 99389-4224

LIVROS DO MESMO AUTOR

Na formatação tradicional:

O Guardian Velejando o Pacífico – Esgotado

O Guardian na Melanésia – Esgotado

Conversando com o Guardian (aquisições através do site www.guardianboat.com.br)

Livros na formatação digital, com muitas imagens e música de fundo:

LIVROS DA SÉRIE GUARDIAN

1. O GUARDIAN NA TERRA DOS ABORIGENES

Trata do navegar na grande barreira de corais da Austrália e o conhecer a terra dos aborígenes no território norte daquele exótico país. Narrado como um diário de bordo

Gênero: aventura informativa.

2. O GUARDIAN EM BALI

Narra os dois anos em que estivemos em Bali, a Ilha dos Deuses, de 2000 a 2002, na primeira viagem volta ao mundo. Sua cultura, seus hábitos e suas tradições. Há, ainda, uma série de relevantes informações turísticas.

Gênero: aventura informativa.

3. A GRANDE PÉROLA NEGRA

Uma novela apaixonante sobre as ilhas dos mares do sul e o relacionamento de um menino japonês com uma pérola negra. O enredo se desenvolve no eixo da Polinésia Francesa, Havaí, Califórnia e Tóquio.

Gênero: romance, ficção e aventura.

Embasado em fatos e lendas dos polinésios.

4. O GRANDE TIKI

Continuação de *A Grande Pérola Negra*, traz, em seu enredo, a luta da independência da Polinésia Francesa do jugo colonialista.

Gênero: romance, ficção, aventura e suspense.

Embasado em fatos e lendas dos polinésios.

5. O PEQUENO GUARDIAN

O primeiro romance escrito da série Guardian que tem, em seu enredo, a história da construção de um pequeno barquinho a vela e de um menino órfão em uma ilha do Pacífico Sul. Este livro tem como fonte as lendas, os hábitos e as tradições dos navegantes polinésios.

Gênero: romance, ficção e aventura.

Um livro para crianças dos 8 aos 80 anos.

6. O GUARDIAN EM AOTEAROA

Trata dos tempos em que passamos neste notável país. Dividido em dois tempos, o primeiro em 1998, quando de nossa primeira viagem volta ao mundo e o segundo em 2009,quando da segunda viagem em que lá implementamos uma reforma geral no Guardian.

Gênero: aventura informativa.

7. O GUARDIAN NA AUSTRÁLIA

Trata de nossa estada neste extraordinário país, notadamente na área da Golden Coast. Dicas e informações para aqueles que, naquelas águas, desejarem navegar. Este livro é dedicado à família Porto de Alagoas.

Gênero: aventura informativa.

8. O GUARDIAN: TEXTOS E POEMAS

Uma coletânea de textos e poemas sobre nossa primeira viagem de circunavegação.

Gênero: ensaio literário.

Ilustrações a serem feitas.

9. O GUARDIAN: ANDANÇAS E LEMBRANÇAS

Neste livro, trazemos relatos de trechos de nossas viagens volta ao mundo. Momentos de devaneios, aventuras e outros que envolvem a mente humana quando numa aventura dessas proporções.

Gênero: aventura informativa e ensaio literário.

10. O TUBARÃO

Pela vez primeira, é escrito um livro no Brasil sobre as características deste notável ser marinho. Seus aspectos principais de comportamento, classificações e nossa experiência de convivência com esses excelentes seres. Vem com muitas informações e dados colhidos e apreciados durante nossas viagens volta ao mundo.

Gênero: informativo técnico e aventura.

11. O GUARDIAN E A LITERATURA DE BORDO

Um livro que apresenta, nomeando, quais aqueles compêndios que devemos ter a bordo de nosso veleiro de cruzeiro e tendo seu comentário a respeito desses.

Gênero: literário, informativo.

12. O GUARDIAN VELEJANDO O PACÍFICO (segunda edição)

É a segunda edição melhorada de nosso primeiro livro escrito que algum velejador tem como referencial.

Vem com as informações da compra do Guardian em San Diego, Califórnia, em 1995/96, e o início da aventura, desde o local da sua compra até a chegada à Nova Zelândia. Relatos detalhados com croquis do autor e dicas sobre o navegar no Pacífico Sul e suas notáveis ilhas.

Gênero: aventura informativa.

13. O GUARDIAN EM FIJI

Neste livro, o foco é Fiji, com suas notáveis paradisíacas ilhas, tão pouco conhecidas pelos brasileiros. O encontro com um colega arquiteto do extinto BNH nos leva a comentar um dos piores crimes cometidos contra a pátria brasileira. Narra também nossas aventuras pelas águas desse extraordinário país, com suas histórias, hábitos, tradições e costumes tão diferenciados para nós ocidentais.

Gênero: aventura informativa.

14. O GUARDIAN NAS ILHAS ENCANTADAS

Tem como foco o velejar nas ilhas da Nova Caledônia, Vanuatu e Salomão, seus principais aspectos de navegabilidade, informações culturais e outras aventuras de estar nessas ilhas que caracterizamos como encantadas.

Gênero: aventura informativa.

15. O GUARDIAN NA TAILÂNDIA E MALÁSIA

Um dos melhores tempos de nossa primeira viagem volta ao mundo. O conhecer a Malásia com sua modernidade, ser o primeiro veleiro brasileiro a vencer uma regata internacional na Ásia, viver os mistérios da magnífica Tailândia, tudo nos fez viver tempos inacreditavelmente belos e inesquecíveis.

Gênero: aventura informativa.

16. O GUARDIAN NA INDONÉSIA

Depois de dois anos em Bali, nossas navegadas nos levaram a conhecer as costas de Java e Sumatra, com suas ilhas Mentawais e o paraíso do surf moderno. Uma navegada de sonhos e lembranças de momentos exponenciais.

Gênero: aventura informativa.

17. O GUARDIAN NA UNIVERSIDADE DO CRUZEIRO A VELA

Este livro é diferenciado, o leitor é aprovado no curso superior de cruzeirista a vela, e sua leitura é o vivenciar dos períodos de seu curso, com aprendizado e testes, dicas e informações que, pela vez primeira, são apresentadas àqueles que nutrem o sonho de, em seu veleiro, fazer a viagem volta ao mundo.

Gênero: didático educativo.

18. O GUARDIAN VELEJANDO EM CRUZEIRO

Após tantas aventuras e o desvendar dos oceanos do mundo, fazemo, neste livro, um relato dos melhores roteiros para se fazer a viagem de circunavegação, seus melhores momentos, facilidade e os elementos facilitadores e complicadores.

Gênero: aventura informativa.

19. O MENINO BARONG

Estamos em Bali, a ilha dos deuses, seus mistérios e lendas que nos levam a escrever este romance que narra a história de um menino que, em um vilarejo distante, ao vestir a fantasia do deus Barong, tem este incorporado em si e passa a realizar feitos notáveis, acabando por se tornar um herói popular.

Gênero: romance ficção e aventura.

Um livro para crianças dos 8 aos 80 anos.

20. O SEGREDO DO NAVEGANTE

No início do descobrir do Oceano Pacífico, um filho de carpinteiro inglês torna-se amigo do filho de um grande navegante polinésio acusado de passar ao menino estrangeiro os segredos dessa milenar cultura. Os dois são banidos para uma ilha desconhecida, e entre eles cresce uma fantástica amizade.

Gênero: romance ficção, aventura e suspense.

Embasado em fatos e lendas dos polinésios.

21. O GUARDIAN. MOMENTOS DE VIAGEM

Todas as viagens trazem em seu bojo momentos exponenciais que desejamos nunca os esquecer. Este é o livro que trata de tais momentos com relatos de saudades, tempos e movimentos que jamais serão apagados de nossa memória.

Gênero: aventura informativa.

22. O GUARDIAN EM MARINAS, PORTOS E ANCORAGENS

Nosso foco nesta obra está voltado para os complexos náuticos, os portos e as melhores ancoragens pelos locais que navegamos, notadamente a parte do Caribe que fizemos, o Pacífico, Índico, Mar Vermelho, Mar Mediterrâneo e o Atlântico.

Gênero: didático informativo.

23. O GUARDIAN – TEXTOS DAS QUINTAS-FEIRAS

Durante cerca de 10 anos, todas as quintas-feiras escrevíamos textos que tinham este nome. Todos eram relativos a navegação ou assuntos correlatos. Foram selecionados alguns desses que se notabilizaram dentre aqueles que acompanhavam nossa viagem, reunidos e feito este livro.

Gênero: aventura informativa.

24. CAIO O AMIGO

Uma homenagem biográfica a um dos mais exponenciais amigos de nossa vida. Uma figura que estará sempre adida aos nossos momentos mais fantásticos vividos. Uma ode ao nosso exponencial amigo Caio Porto Filho com depoimentos inéditos de quem detém o privilégio da amizade deste exponencial ser.

Gênero: biografia literária.

Ilustrações por Dydha Lyra.

25. MANUAL DE CALIGRAFIA ARQUITETÔNICA

A letra do arquiteto é a sua marca profissional. Quando um arquiteto escreve de imediato, é reconhecido. Este é um manual que ensina a escrever como um arquiteto, dedicado e tendo como público-alvo os estudantes de Arquitetura.

Gênero: didático educativo.

26. ARQUITETURA DE COMPLEXOS NÁUTICOS

Um livro voltado para arquitetos. É o incentivar aos colegas para uma nova especialidade em Arquitetura. Projetar complexos náuticos, os arquitetos trabalhando em parceria com o mar. Em capa dura com sobrecapa e cerca de 400 páginas, abrange todo os tipos de complexos náuticos, em portos, enseadas, lagoas e o mais moderno conceito na praia. Pela primeira vez no Brasil, o assunto é tratado por um arquiteto que conheceu centenas de marinas em todo o mundo.

Gênero: didático-científico.

27. ARQUITETURA – Sketches, Esboços e Croquis

O elemento maior agora é levar o estudante de Arquitetura, e também arquitetos que se interessem pelo tema, a se desenvolverem nesta notável técnica que são os croquis, a nível de Arquitetura, paisagem urbana, mobiliário e tantos outros, as técnicas, os materiais e centenas de exemplos.

Gênero: didático-científico.

28. PERFUME DO MAR E SABOR DO SOL

Mais escritos do Capitão Sombra. Desta feita, textos diversos narram diversos aspectos do velejar em cruzeiro pelo mundo e momentos extraordinários vividos no veleiro GUARDIAN. É uma leitura para amantes das aventuras e do navegar.

Gênero: aventura informativa.

29. HISTÓRIAS VIVIDAS COM SABOR DE MAR

Mais escritos do Capitão Sombra, na mesma linha do livro anterior. Também traz diversos textos que narram aspectos do velejar em cruzeiro pelo mundo e momentos extraordinários vividos no veleiro GUARDIAN. É uma leitura para amantes das aventuras e do navegar.

Gênero: aventura informativa.